005

004

2

007

006

3

009

008

4

014

010–013

5

015–018

019

020

043–052

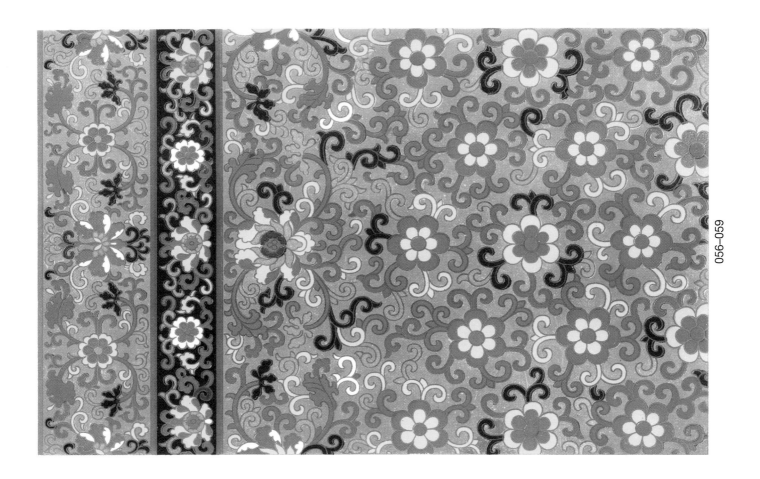

056–059

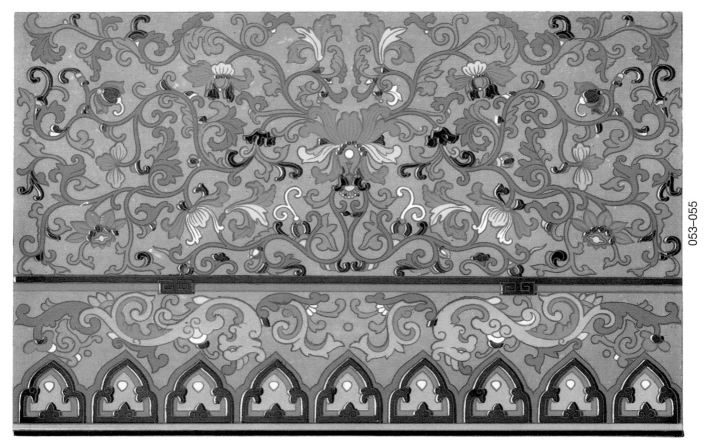

053–055

10

067

064–066

069

068

13

070–076

079

080

081–084

085–088

089

090

091

092

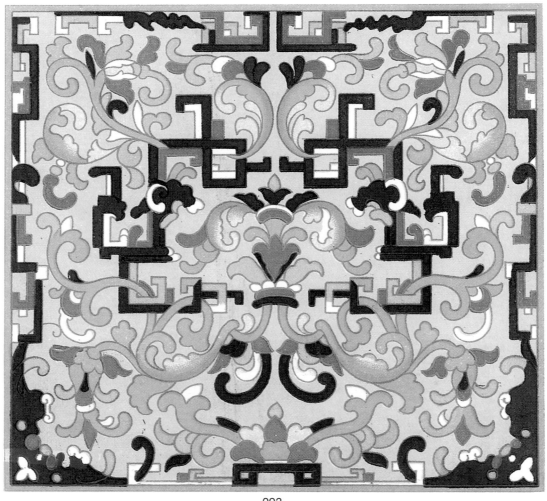

18

093

094

095

19

099

097

098

096

101

100

103

102

22

105

104

106

107

108

109

110

111

113

112

26

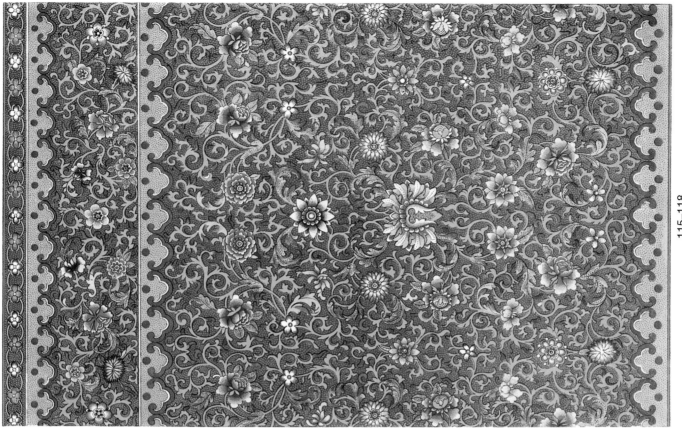

115–118

114

27

119

120

121

096

125

124

30

127

126

31

129

128

32

134

135

136

137

138

139

140

141

143

142

145

144

37

146

147

148

149–152

154

153

156

155

41

158

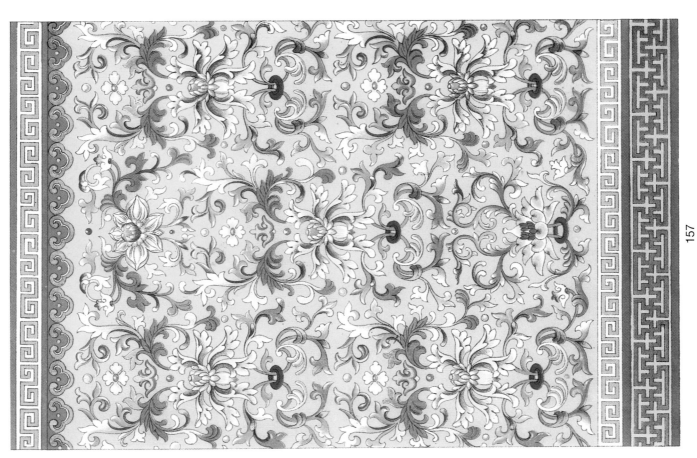

157

42

160

159

161

162

163

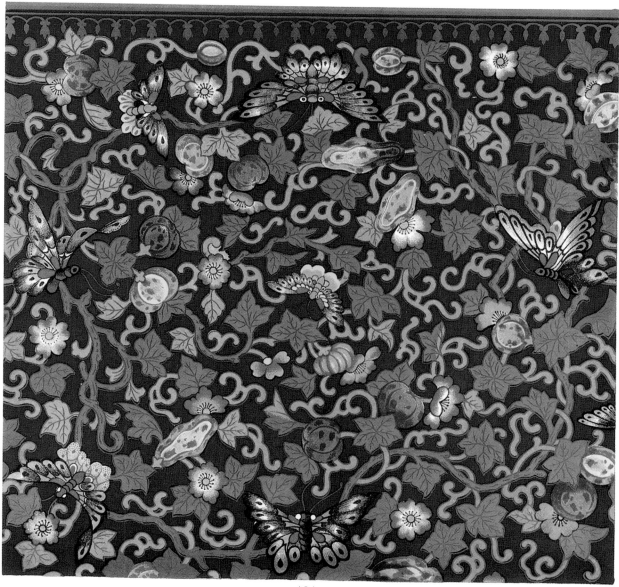

164

165

166

167

168

169–175